ALPHABET DES CINQ PARTIES DU MONDE

Imp. lith. Pellerin & Cie à Épinal

ÉPINAL
IMP. LITH. PELLERIN ET Cie
Propriété des Editeurs_Déposé.
1863.

Algérie

Brésil.

Chine

Dongolah, (Nubie).

Ecosse

France. (H.te Pyrénées).

Guinée.

Hongrie.

Italie.

Japon

Kingsmill, (Ile) Océanie.

Laponie.

Missouri.

Nubie.

Otaïti

Perse

Québec, (Canada).

R

Russie.

Suisse.

Urville, (île caroline).

Watéoo.
Fournisseurs Brevetés de S. M. L'Impératrice.

Yacout.
Imp. Lith. Pellerin et Cie à Epinal,

Zélande, (nouvelle)

ÉPINAL
IMP. LITH. PELLERIN ET C.ie
Propriété des Editeurs.—Déposé.
1863.

www.ingramcontent.com/pod-product-compliance
Lightning Source LLC
LaVergne TN
LVHW050305090426
835511LV00039B/1483